AF452186

LÉON-PAUL FARGUE

VULTURNE

PARIS
ÉDITIONS DE LA NOUVELLE REVUE FRANÇAISE
3, Rue de Grenelle
M . CM . XX . VIII

tement sérieux de garçon dans un
fleur. On voit quelquefois des fantôm
marcher sur la crête rue de Chantill
L'exposition morte, l'installation au r
dans un bureau, ces fours qui cracha
d'escarbilles, des mois entiers de cane
des promenades torrides avec de r

~~Et ces fours qui crachaient leurs de~~

Hachure.

Est-ce que tu n'en as pas assez d'é
entre les hachures ?

Hommé.

Tu n'en as donc pas ton soûl d'
parmi les hommes ?

Grouillis des poux de mer sur la

Bâtonnets sautant à cloche-pied,
jeux de jonchet en délire, aïe donc, les d
sur la chair en filoselle, les chapeau
cannes, les sacs endormis dans le bla
assommés, crapauds en deuil, accord
au ciel !

Monte un peu. Suis-moi. Colle donc
Là, te voilà bien avancé maintenant. C

tement sérieux de garçon dans un rayon sans une
fleur. On voit quelquefois des fantômes/son fantôme, /à lui, le mien,/
marcher sur la crête rue de Chantilly. Des soldats.
L'exposition morte, l'installation au 156, un radiateur
dans un bureau, ces fours qui crachaient leurs dents
d'escarbilles, des mois entiers de canettes de bière et
des promenades torrides avec de rares camarades/ / et ces années si bonnes, et ces
~~Et ces fours qui crachaient leurs dents d'escarbilles~~/ années si tristes....

Hachure.

Est-ce que tu n'en as pas assez d'être une hachure
entre les hachures ?

Hommé.

Tu n'en as donc pas ton soûl d'être un homme
parmi les hommes ?

Grouillis des poux de mer sur la plage des rues.

Bâtonnets sautant à cloche-pied, vers de pierre,
jeux de jonchet en délire, aïe donc, les dragons chargent
sur la chair en filoselle, les chapeaux, les gants, les
cannes, les sacs endormis dans le blanc d'œil, goîtres
assommés, crapauds en deuil, accordéons éculés face
au ciel !

Monte un peu. Suis-moi. Colle donc, nom de Dieu !
Là, te voilà bien avancé maintenant. Crois-tu que c'est
beau à voir de là-haut ? Crois-tu que c'est grand'
chose ?

Exemplaire de Monsieur
Azaria.

———

Le poème a été conçu à la suite d'un rêve
fait en chemin de fer, la nuit, au cours d'un long

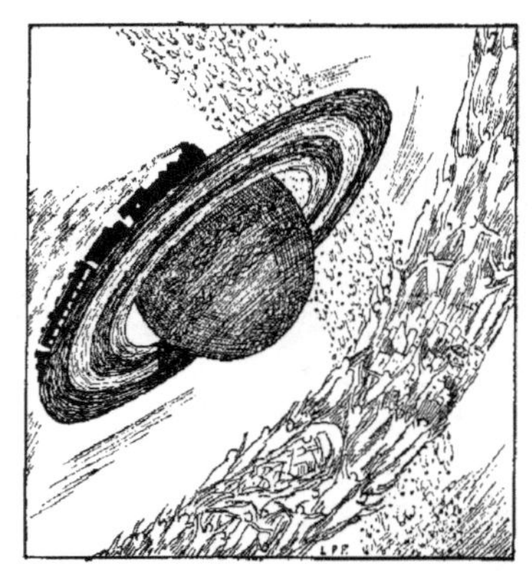

voyage. J'ai essayé d'éviter d'y raisonner trop,
de trop enchaîner et de trop développer mes
points de vue. En ai-je seulement indiqué
l'essentiel ? Résultat probable : lecture assez
difficile.

Léon-Paul Fargue.

———

VULTURNE

DU MÊME AUTEUR

Tancrède (1894-1911). Editions de la Phalange. — *Epuisé.*
Poèmes (1905). Royer, Nancy. — *Epuisé.*

AUX ÉDITIONS
DE LA NOUVELLE REVUE FRANÇAISE

Pour la Musique. Une Plaquette. — *Epuisé.*
Poèmes (1912). 1 Volume. — *Epuisé.*
Poèmes (1918). 2ᵉ édition suivie de Pour la Musique.
Banalité.

SOUS PRESSE

Suite Familière.
Epaisseurs.
Pointes de Feu.

EN PRÉPARATION

Ethique.
Voyages dans une Baignoire.
La Lampe a Huile.

LÉON-PAUL FARGUE

VULTURNE

PARIS

ÉDITIONS DE LA NOUVELLE REVUE FRANÇAISE

3, Rue de Grenelle

M . CM . XX . VIII

I

VOUS FAITES UN SONGE

Es-tu mort, Pyrrhon? — Je ne sais...

(Épitaphe)

*Alors, je vis un ciel tout nouveau et
une terre toute nouvelle.*

(L'Apocalypse)

Y a-t-il quelqu'un, ai-je dit, y a-t-il quelqu'un
dans ce lit? Seuls dans la nuit, seuls dans les cages...
Il le rêvait à haute voix, surveillé d'en haut, sous
les tétins vitreux, dans le roulement oublié, dans la
prière entrecoupée, dans les chuchotements. Les clefs
sursautèrent. La vapeur répondit très fort à voix
basse... Il y avait déjà longtemps qu'il sommeillait.
Quoi! Le drame d'hier a dormi si longtemps? Voilà
donc... Ces regards douteux, ces aiguillées, le premier
manger de la lune, en serre-file, avec la grande ombre
flanc-garde et la fumée qui suit comme un chien
sur la campagne...

Les noms peuvent placer un mot quand on
respire. Eliépassebo, Bressling-dans-l'Eau, Bognor...
La longue note tenue depuis le départ se récuse

dans un soupir. Lampes sous goëlands, l'arrêt s'étale, ouverture de la cloche à plongeur, estuaire d'arceaux et de mâtures. Dieu visite ses reposoirs, et se recueille et se prolonge. La machine entame une confession basse, avec un coup de trompe étrange. Voilà donc... Souvenir dérisoire et tendre d'anciens voyages avec ceux qui ne sont plus, murmure enfoui dans la campagne avec des amis lointains, ceux qui sont en sommeil, ceux qui sont devenus des étrangers, oui, c'est bien ainsi que la chose est arrivée, des morts, fantômes éclairés devant la porte, abordant aux grands cafés de province tout pleins de l'audience notable parfumée du nom des fleuves et de leurs idylles béantes et muettes, les filles cossues qui bâillent et attendent, les amants au conformateur, jolis officiers d'artillerie, cavaignacs de forteresse, proserpines herbagères affamées de convenable. Le bouchon d'un cœur saute dans la musique! Quand elle se calme, on entend la grande chute et le souffle court de la gare voisine... Y a-t-il quelqu'un, ai-je dit? Y a-t-il quelqu'un dans ce lit?... Riches nomades qui passent, hantés par le bain, dans leur scaphandre de cuir, animale odeur des bagages, (où diable ai-je vu cette tête sanguine), chair de poule d'une sonnerie, migraine lancinante d'un ascenseur... O pullulement des hématies, vieux secrets bourdonnants de cloches, tout le fourré de vos voyages et de vos fantômes de chair fermés sur leur histoire, sur leur garde-robe de souvenirs, sur leur cargaison de souffrance, sauterelles de l'impatience dans le coffre, points de vue sonnés de sommeil, richesse cataleptique et pensées homicides, leur boussole en détresse, leur accrochement à vivre, le but où ils se hâtent lentement, le cœur somnambule, le sanglot bouché, l'idée fixée comme un insecte, la pulpe d'indifférence avec des oublis suaves, le tournoiement poli, la pose et l'éclat de voix qui les trahit parfois; le couac de la grandeur d'âme, le regard gauche de la tendresse sans phrases, et ce séisme qui affleure si médiocrement à nos visages... Y a-t-il quelqu'un dans ce lit?... D'autres villes, vers d'autres villes, des campagnes sourcilleuses, des odeurs de terre nocturne, l'entrée dans les balances lumineuses encore, un amour qu'on va retrouver, caché dans un îlot sombre, au fond d'une ville qui fait battre le cœur, l'arrivée la nuit, la chambre qui s'allume et retentit pour vous; douce marée d'une voiture qui s'éloigne... Ah Juifs Errants, proscrits des fanaux et des haltes, écureuils autour de la terre, dans votre cage à ciel ouvert; lettres crassées, chiffres brouillés dans le

composteur de vos rues, dans votre liberté de fer...
Y a-t-il quelqu'un, ai-je dit, y a-t-il quelqu'un dans
ce lit? (Glissement frais et surprenant d'un drap
d'écume, accordéons blancs sur la mer...) O corps
parqués, maisons soufflées sous l'éteignoir, chambres
errantes, enchaînées, traînées par leurs cheveux trem-
pés le long des clôtures du temps, le long du bâillement des jours, ne le réveillez pas, il fait un songe.

Eh bien eh bien, qu'est-ce que c'est ? Qui est-ce qui se permet?...

(On lui prend brusquement le bras. On lui parle dur à l'oreille.)

Tu vas finir.

Ne discute pas. Ne m'interromps pas. Il n'y a pas de temps à perdre. Tout le monde va finir.

Pas de questions. Les minutes sont comptées. Mais oui, parbleu, je sais quelque chose.

Où veux-tu, toi ? Chez les tiens, là-bas, dans ta vieille maison forte tête avec son horloge et ses fours en pleine marche, et qui ne pense pas à nos histoires ? Trop loin. Pas le temps de faire quelque chose d'utile. Regarde : il n'y a déjà plus de voitures. Pourquoi ? Non, pas le temps de t'expliquer. Tu arrives en courant dans ton quartier, n'est-ce pas ?

Tiens, qu'est-ce que c'est que cette lumière insolite, il y a déjà des rassemblements. Tu bouscules une fille de tes amies qui descend à son heure au tournant du petit café, tu cognes dans une figure familière, et qu'est-ce que tu vois, le bijoutier mort depuis dix ans qui sort pesamment de sa boutique! (Est-ce qu'il y a déjà quelque chose par ici?) Tu entres en trombe dans ta porte, tu fais sonner la vieille fontaine, tu grimpes quatre à quatre, et c'est trop tard!

Non. Pour une fois, laisse les tiens tranquilles. Tu leur en as assez fait voir.

Chez ta maîtresse? Est-elle chez elle?

Chez ton vieux maître? Il te dira de griffonner ton compendium philosophique.

Chez un ami d'enfance? En as-tu dans tes poches?

Hâte-toi de choisir. Ou bien reste avec moi qui suis ton bétourdin. Ce que j'entends par là? Tu le sauras ce soir. Parle-moi, dis-moi tout, réfléchis de toutes tes forces, concentre-toi, rassemblons-nous sur tout ce qui nous reste à dire. Forgeons notre petite clef... Faisons la somme. Et faisons vite!

Allons, ne souffre plus pour toutes ces maisons...
Tu ne vas pas pleurer?
Presse-toi. Déjà cinq minutes!

Quand tu vacilles au sommet du désespoir,
Lorsque les larmes sont rebelles,
Lorsque les larmes sont taries,
Monte au-dessus des hommes.
Mais qu'est-ce qu'il a à monter tout le temps,
riant et pleurant, ce monsieur rouge et noir?
Il a du chagrin.

Voilà. Ça a eu le cœur élevé dans du coton,
Et ça souffre.
Donne un coup de pied! Il y a le sens, il faut le
chercher.
Comme on cherche un ressort secret.
Quand tu l'as trouvé
Tu marches sur toutes ces têtes en proue de sys-
tématiques,
Sur tous ces yeux de basse-cour,
Tu es sauvé!

Je ne veux pas me laisser prendre! Je ne serai pas fait de sitôt! Je ne suis pas encore bonard!

J'aime mieux y laisser ma peau de veston, comme un voleur!

J'aime mieux y laisser une patte en gage, comme une sauterelle!

Hop-là! Sautez! Sauvé du compartimentage, de toutes ces cellules et de toutes ces boîtes les unes dans les autres, des salles de police tainiennes, de toutes ces mouches encriphobes, des yeux captifs, des larmes d'ornière, de tous ces rayons qui péchent par la clef, de tout cet échiquier de chair où broutent les ludions de l'amour!

Ai-je donné malgré moi le coup de pied qui chasse les hommes, ou si j'ai laissé passer l'heure?

Une voix tonnante et silencieuse m'aspire comme un retour de flamme. Un abîme s'ouvre sous mes pas.

Je monte!

Plus de composition possible. Les choses se composent d'elles-mêmes. D'en haut les passants chargent mollement, la figure en l'air. Qu'est-ce qui se passe? Est-ce que ça commence? Est-ce pour moi? Je vois s'enfoncer les maisons, leurs chapeaux de fer, puis ce sont les tours, puis les clochers, tous les espadons, puis les fumées... Une locomotive se fâche dans une gare, pas plus fort qu'un siphon dans un apéritif... Tout n'est plus que bulles, puis tout s'adoucit. La maladie de peau guérit à vue d'œil... Une cloche arrive comme un moustique; un fil de musique, un fil de fumée presque imperceptibles se prolongent, où protestent tous les clairons, toutes les montagnes, tous les tribuns, tous les canons dans l'étendue, tout ce qui lâche la vapeur, toutes les maisons, derniers appels, uhau sanglot roux cage tombée la pipe en feu la suit fini...

La musique des sphères s'arrêtait par instants, comme une batteuse de campagne, pour ménager la place où le silence avait besoin de ronfler. La lueur de Tycho s'annonçait par bâbord. Un peu plus tard, je la rencontrai qui se rendait dans une autre étoile. Elle passa devant moi, gentiment à cheval sur son petit coussin d'éther, elle passa devant moi comme une chatte blanche...

Je montais toujours, mais pour quelque chose d'autrement sévère...

Qu'est-ce donc qui monte avec moi? Quel est ce phasme impondérable? Je ne crois pas que ce soit mon âme. Mais c'est peut-être avec cela que je serai réincarné. Car ce n'est pas incorporel, je le sens bien...

Le support du monde matériel descendait comme un monte-charge. Les mères-idées manquaient sous

les pieds, formes préconçues, devenues fondantes,
inconscientes comme le langage, et nos construc-
tions, sans le moindre bruit, brasillaient faiblement
dans des ronds de systèmes. La matière, syphilis de
l'éther, ou, comme parlait plus calmement mon vieux
patron, lieu géométrique des bizarreries de l'éther,
noué de tourbillons et de torsions, bossué de fâcheuses
protubérances, s'affaissait comme un faux calcul et
se confessait fluide élastique. La mienne, en dissociant ses éléments atomiques, délivrait en tremblant
ma pauvre chandelle. Je me sentais tout à la fois
lumière, électricité, magnétisme, substance organique
fondamentale, et, s'il faut me croire, agent psychique
sans rival. Mon esprit, doucement, se déshabillait
de sa cosse, à petites secousses encore amoureuses.
J'avais la vue, j'avais le toucher sans me servir du
sens musculaire, sans mouvements corrélatifs, sans
compensations, sans manigances.

... Le mouvement perpétuel me gagne. Ces trem-
blements, ces éparsions, vous les connaissez, vous les
avez eus, ne fût-ce qu'une fois. Puis-je encore me
faire entendre? Que de questions encore humaines
avant que je ne sois mangé par les grands nombres!

N'en jette plus! (Cet hommepion grimace encore,
ma parole, avec son cuir polymathique...)

Plaît-il? C'est possible. Hier encore, j'étais un homme très naïf et qui n'aimait pas l'ironie. Ce soir nous sommes entre molécules, et j'ai bien le droit de chercher dans l'infini quelque chose que l'homme ait pu concevoir! N'y a-t-il rien qui lui ressemble à l'origine du mouvement? Quoi que ce soit de métaphysique dans le phénomène initial? Constante essentielle ou constante accidentelle, qui n'ait pas prévu l'homme et soit par l'homme intelligible, quelle loi divine d'accélération nous avait lancés dans cette galère? Y a-t-il un seul déchet de matière, une seule erreur de force? Vais-je remonter jusqu'à mon singe, mon saurien, mon pterichtys, mon protoplasma, ma bulle gazeuse, ma lueur divine?

Tais-toi. Comprends.

Regarde.

Quel spectacle!

Qui a donc parlé de résurrection, de transsubstantiation, de métempsycose? Quelle veste retournée, quelle palinodie, quelle eucharistie à l'envers! Les âmes les plus fortement trempées, volées de leurs dernières précautions, coupées de toutes références, hésitantes entre le physique et le chimique, ne sachant même pas ce qu'on attendait ni ce qu'on allait faire d'elles, bouillonnaient, s'entre-croisaient, gémissaient dans l'ocre et le vin torrides, dans la négation des mathématiques, au milieu des débris cosmiques, des morceaux de maisons vomissant l'architecte, des cadavres encore durs à cuire au rayon postface, des locomotives encore rugissantes, trépignant à vide le ventre en l'air, des cathédrales aux orgues cuites comme de la raie, des paquebots béants de fanfares retournés comme des limules toutes leurs breloques pendantes, des satellites secoués dans leur panier à salade, des sodomies figées sur le fait, des fourchettes encore palmées d'œuf, et du smegma terrestre le plus insensé, le plus formidablement insolent qui pût gicler dans la couche la plus respectable de l'éther! A mesure que l'époumoné, que l'épongelé se distillaient, l'esprit de la terre au grand cœur s'installait par degrés dans les limbes surpris, mal sériés, mal préparés, sur des sièges mouvants d'un luxe bizarre. Il n'y avait pas de service d'ordre. Ni de vestiaire. On n'avait pas prévu cela. Les bulles des réintégrés, les bancs des désintégrés montaient en pleurant du fond du cataclysme. Les parents morts depuis longtemps se jetaient au-devant de ce courrier terrible. La foule envahissait les jetées lumineuses.

Des palpes d'amants, des museaux touchants tom-
baient dans des trous de néant qui n'avaient ni poil
ni bordure. On voyait s'étirer, s'épointer, se retourner,
des calmars de cristal, des grappins de filigrane,
d'incroyables kiosques rêvant en veilleuse, de vastes
méduses aux jupes chantantes. La Chine retroussait
ses jupes de pagodes. Une immense pluie muqueuse à
l'envers, cardée d'un air diabolique, n'en finissait plus
de s'épanouir en ombelles cafardes, étoilées de grâce
et de noirceur, perçant les vieux filets de Dieu. Toute
l'équation terrestre, toute la création personnelle que
le plus misérable fait sur son vieil établi de chair
montait lentement, entre les nuées, car les nuages
sont vivants, fonder la race de pensées vitreuses où je
perdais mes larmes... De grandes sphères creuses, bril-
lantes et sombres, parfaites boules origéniques, noyaux
pensants et miroitants, tournaient au large. Des soleils
et des bolides, encore étonnés, déconcertés, cisaillaient
sans relâche en cristaux insoutenables et qui s'adou-
cissaient jusqu'à ne plus darder que ces petits poissons, ces bisaiguës, ces feux biseautés qui travaillent
les mers de Chine... Saturne, seul à peu près calme,
faisait des ronds de cigarette... De temps à autre, fesse
à fesse et sautant sur les dernières occasions de la distance lumineuse, des vesses d'argent noir crevaient !

Nous étions là, dans la granulose et la verroterie du grand rachat, quelques ressuscités, quelques réintégrés, pauvres pendentifs électriques, hippocampes manichéens, pauvres têtards vidés du génie de leur race, aspirant au génie de Dieu, pauvres sosies qui s'étaient cherchés, pauvres milieux organiques effilés dans la grande pâleur, et nous commencions à nous servir, pour nous parler, du moins mal que nous pouvions, de nos premières antennes chantantes, extrêmement ramifiées et sensibles, nous agrégeant l'un après l'autre, en formations madréporiques, au grand chapeau chinois pensif qui commençait à s'accorder...

C'est alors que je vis sous mon ectoplasme et pendant à moins de vingt toises, évaluation terrestre, sauf erreur probable, un chemin quadrillé qui montait et se déroulait. Si distraits que fussent mes souvenirs, je reconnus la rue intacte d'une grande ville...

(Est-ce le démon de Maxwell qui ramène le monde en arrière? Les corps en sont-ils au reconstitué? C'est que je ne tiens pas à être en avance! Je n'en ai pas encore assez vu de mon coin!)

Là-dessus, voilà deux passants. Je distingue sans trop de peine un homme mélancolique et qui tient un enfant par la main. Mais quoi! Ce col rabattu, cette façon de lancer les pieds, la pâleur de la joue contre la barbe et contre le mur!...

Au secours! C'est mon père et c'est son enfant! Je n'ai pas encore oublié! Je n'ai pas assez déblayé! J'entends bien qu'il ne faut chez vous que des âmes saignées de leurs images, que des âmes bouchées de leurs vieilles musiques... La mienne ne l'est pas encore! Ce que j'ai porté, je le porte encore! C'est lui, c'est moi! Et lui et moi nous sommes morts! O mes chéris! Crapules! Voleurs! Ils n'ont pas le droit! Ils n'ont pas le droit de se substituer! Ils n'ont pas le droit de recommencer! C'est moi qui veux recommencer!

Patience. Me dit Pierre Pellegrin, ses yeux pleins de larmes déjà mangés par l'Orient, par l'Occident, par je ne sais quelle couleur tendre. Il t'a beaucoup aimé. Et tu sais bien que certaines formes de l'énergie ou de l'amour ont les pouvoirs de la matière... Allons, allons, calme-toi. Tu en verras bien d'autres! Vois mon gentil, vois l'étoile qui nous appelle. Oui, oui, j'ai habité... Laisse-moi plutôt te raconter comment tout a fini sur terre.

D'immenses voies lactées, de vastes systèmes perdus dans l'ignorance lumineuse, des gélatines en

formation, des cocons veilleurs où l'esprit tournait
déjà dans sa nymphe, autour de ses disques imagi-
naux, sous le coup d'une idée directrice nouvelle,
ne dormaient que d'un œil au-dessus du frère mort
dont les éclats crayonnaient en tous sens dans le
tain hagard...

Les souvenirs, nous dit Pierre Pellegrin, les souvenirs de l'enfance houlaient, se bousculaient pour
me regarder, se posaient net et sans bruit comme
des insectes, ou passaient par mes yeux, tout faits,
d'un seul coup de balancier sur les placards, ou
lentement comme une décalcomanie, parfois pathé-
tiques et tachés sourdement, comme l'empreinte
sacrée dans le mouchoir, avec des battements de
trapèze de ciels mouvants, ou s'infiltraient délicieu-
sement en moi comme une liqueur qui porte aux
larmes. Je voyais le visage de mon père et de ma
mère, la bonne figure de la mère Jeanne, des chambres et des chemins de fer, des maisons coupées
comme des cartes, la marmite à Papin, des revenants

de fiacres et des lumières le long de l'eau, des feux
de bois couvés de veillées, des maladies et des chaus-
sons aux pommes. Là-dedans miroitait la maison
Deyrolle, rue de la Monnaie, berceau de leur
famille, avec une pleine vitrine de Morphe Elénor,
son artillerie de microscopes et l'odeur de mort
préparée.

Je m'aperçus que j'étais seul dans les galeries du
Muséum. Ils s'en vont tous, tu vois, les professeurs,
les amoureux, les soldats, les nourrices. Et je conti-
nuais ma rêverie, seul dans ce grand naufrage
d'étrennes. Ah, pensais-je, quand l'enfant commence
à devenir sérieux, quand il aime l'étude et la leçon
de choses et commence à flairer, ô poètes de qua-
torze ans, l'odeur féconde de la science et de la
mort, il tomberait malade de joie s'il possédait des
jouets pareils! Moi je rentrais avec les joues chaudes
quand on m'avait mené voir d'aussi belles choses!
Gorilles et lions vidés de leurs orages, baleine dont
on repeint tous les mois la ligne de flottaison au
coaltar, délices du poète et du célibataire, Vénus
qui mène son collège de squelettes, fœtus dans son
bocal, avec sa figure à faire pitié d'enfant fessé trop
tôt, toutes ces épaves réprouvées et ressemelées,
toutes ces créatures du Bon Dieu qui représentent

une histoire timide ou tonnante, un soupir, une luxure boudeuse ou tricheuse, une marelle éternelle, soleils ennuyés, cris des oiseaux au crépuscule, baraques des marchandes, gaufres qui sortent de la torture pour prendre le voile, ô Paradis de l'enfant que j'étais resté...

La grande baie qui versait une lumière savante sur le parquet ciré coupa net son rayon qui glissa comme un foulard par terre et se mit à courir ! Oh, j'ai bien vu la chose. Un petit bruit, comme d'un dormeur qui s'éveille, me fit tiquer. Je levai la tête : tout près de moi, dans une vitrine, un grand coquilllage se retourna, poussant un soupir à fendre l'âme. Un mouvement d'ombres subtiles gagnait de proche en proche. Je ne me trompais pas ! L'hipparion avait changé de pied. Le diplodocus, s'arquant et le prenant de plus haut encore, s'était mis à faire à pleines vertèbres les combinaisons de meccano les plus surprenantes, avec une vitesse incontrôlable, dans un silence énorme, attentif et vitreux, colossal comme un Narcisse horrible ! Aux balcons des galeries supérieures, les types polychromes des races, genre Bernstamm et Talrich, sortent de leur tour de verre et se penchent sur les rampes, avec le rire de leur

couleur, dans l'applaudissement immense des oiseaux!
Des têtes et des mains coupées se posent partout à
bloc, avec un bruit sourd, comme un coup de tenta-
cule, sur les rambardes. Tope-là! Quels serments!
J'entends bientôt frisser le lent tétanos des serpents
qui sortent de leurs lainages et de leurs rochers de
photographe et s'engagent le long des rampes avec
prudeur... Les fœtus sortis de leurs bocaux tracent à
cloche-pied une petite ronde, enviés des grenouilles
encore fixées sur leur rondelle. Les scarabées desser-
rent leurs cadenas, les papillons ouvrent leurs
albums... Mais fini de rire! Des bêtes géantes se ran-
gent à la file et s'ébranlent lourdement vers la sortie!
Je pus me glisser sans en être vu entre deux pattes
énormes et j'arrivai sur le perron. Je ne reconnus
plus le Jardin des Plantes! La mer, la mer secon-
daire, une mer obèse, animale, grosse de mufles,
écorché transparent d'un dieu monstrueux couleur
de jade, jouant à la main chaude, crachant ses dents,
tapant sur son sexe et sur ses fesses, criait à plein gosier
du fond de l'horizon! Toutes les cages ouvertes, grilles
battantes! Je vois toute la bande, les lions, quelle coif-
fure, l'éléphant, portant les bagages sur ses défenses,
sonnant du cor et perdant sa culotte, la girafe ser-
rant sa harpe dans sa housse en peau d'omnibus, des

pantalons démodés cavalant, les singes calottant les
perroquets, la grue jouant de la trompette, le tama-
noir traînant ses anglaises, le porc-épic secouant sa
perruque de porte-plumes, le raton laveur arrachant
précipitamment ses gants noirs, les agamis sautant
dans leur sac, les chauves-souris des vieux bâtiments
toutes retournées sur leurs baleines, une mygale mal
réveillée décroisant furieusement ses lunettes, les
phasmes et les mantes forçant leurs compas, le petit
potamogéton aimé de Gide courant sur toutes ses
petites racines; enfin toute la houle moutonnante de
rochers de cuir, de cris râpeux, d'aigrettes et de
bannières plumeuses, voler vers la hauteur, du côté
du cèdre, déjà couverte par l'ombre des vagues! Le
jardin se débattait comme un filet crevé dans la
mer... Au loin, vacillant dans la lumière livide, un
bout de Tour Eiffel, où la foule fuyait d'étage en
étage, arrosée d'immenses paquets d'écume, achevait
de s'estomper sous un astre polyédrique, menaçant
et tricotant comme un miroir aux alouettes!!

J'ai su moi aussi quelques petites choses, dit
Joseph Aussudre. Le phénomène, en effet, promet
d'avoir tenu tout ce que des exaltés comme nous

pouvaient souhaiter ! Mais je crois bien que ça a
commencé ailleurs. J'en ai vu de raides. Les trains
qui arrivaient dans les gares ne s'arrêtaient plus,
défonçaient la lampisterie, crevaient la façade, tuaient
la marchande de journaux sur la place, une vieille
hors d'âge, s'engluaient de tartines rapides, rabo-
taient leur boulevard Denain, leur rue de Strasbourg,
leur rue de Rennes, leur rue du Havre, leur König-
strasse, bûchaient les passants, raflaient vingt ter-
rasses, morfilaient les apéritifs, emportaient, sur les
marchepieds et sur les lanternes, des rendez-vous
d'affaires, des voitures du plus fort tonnage, des
marges de libraires, des crainquebilles sans courtines,
des boutiques de soins de beauté pleines de pieds
nus, des chaînes rieuses d'ouvrières renversées comme
sur les chevaux de bois, les yeux blancs, la main sur
le cœur, un grand candélabre de bronze couché de
travers, tout pleurant et puant de l'haleine, et tout
ça passant sous l'Arc de Triomphe, saboulant nos
maîtres, éteignant la flamme, bottant le Président
Ricouenne et l'ambassadeur de Wynandie, caram-
bolant Foch et Pétain, roulait au-devant de la mer !
Puis les quartiers se mirent en marche, lentement, puis
plus vite, pas gymnastique, dans une poussière tonnante : On commençait à voir les rayures s'accélérer

dans le même sens pour se reblanchir agent fluide!
La terre basculait dans une tempête de rayons.
Les hommes glissaient des maisons fendues, déjà
fredonnantes de flammes, comme un forficule d'un
fruit coupé, comme un concierge qu'on dérange!
Ils se retournaient comme une peau de lapin, mon-
trant l'os tout neuf de leur chaise intime, leurs
organes frais débâchés, bagages rouges et verts,
leurs strapontins, leurs fibromes, leurs bouquins, leur
savoir, fleuris de branchies ruisselantes, pavoisés de
serpentins de sang noir qui suivaient le fil du vent
terrible. Je n'eus que le temps de donner le coup de
pied, de prendre en hauteur un bon cent mille et de
planer sur cette racaille! C'est alors que j'aperçus
dans les Elohim une grosse tête divine, une tête de
vieux maître, sorte de grand type de clinique qui
regardait la chose avec son monocle servo-radiant.
Tâh! Il était en train de contempler des trousseaux
de squelettes jouant du xylophone sur eux-mêmes
et se rebéquant et glapissant sur les marches de la
Bourse! Planant un peu mieux dans la durée, je tirais
toujours, je tirais des traits dans mes connaissances...
Moi aussi je fais des voyages, mais à condition que ça
en vaille la peine!... Le Zara s'engluait dans le miel de
Venise! Florence cul par-dessus tête avec ses objets

d'art, comme un salon de dentiste foutu par terre!
Des petits tas crayeux de grands hommes exhumés,
plaqués sur des bords innommables... Napoléon
s'embossant dans Notre-Dame du Charbon de Terre!
Le crâne d'esturgeon de Barrès bouchant un corneau
de poulaine fétide... Et les convois, les trains, les
morts, dressés, pressés comme la grotte de Fingal!
Enfin, la mer, la mer arriva sur le champ de
bataille! Elle tordit un cou de plésiosaure, faisant
grésiller toute la ferraille, assommant le Ritz et le
Meurice, dont les femmes à gueule de dragée supé-
rieure et les diplomates en coton d'oreilles flottaient
et bibaient pêle-mêle avec des poissons crevés, le
ventre en l'air! Alors les villes, les villes économes,
mirent à l'eau leurs arches qui flottèrent sagement,
comme des plumiers...

Je ne sais pas pourquoi je prenais ces notes, je
n'avais pas de bouteille. Il paraît que c'était un
coup d'aspirator un peu fort du soleil. A moins
que le système n'ait été traversé raide, à grande
vitesse, comme l'aurait prévu notre maître, par un
corps de grande masse venu des constellations lointaines. Et je jubilais à l'idée que, dans d'autres étoiles,

des astronomes, beaucoup plus calés que nous autres et travaillant dans un système un peu moins gentil de coordonnées, seraient obligés de refaire toute leur mécanique céleste!

Attention. Le ciel crache du diamant noir à plein trombone!

J'entends monter les nègres, les créations antérieures, les races les plus vieilles...

Nous allons savoir autre chose.

..... Josaphat, et revoir les miens!

II

DE STADE EN STADE

Et ne vous zist
Et ne vous zest
Et ne vous estimez pas tant.

(Vieille chanson.)

Ne sois pas, et tu pourras plus
que tout ce qui est.

(Fr. Juan de Los Angelès)
Dial. III. 8.)

Ressuscités, enfin?

(Edgar Poe. Monos et Una.)

...Josaphat, et revoir les miens !

Sur ces paroles, transmises d'harmoniques en harmoniques, il nous sembla que l'infini jetait du lest, avec un barrissement sourd, et qu'une cassure étoilait l'étendue. La kermesse des mondes parut ralentir. On voyait des masses égarées, dont la prise avait raté sous l'influence d'astres mastodontes, se heurter, se flairer, s'enfumer, grandir comme le barbet de Faust. Nous disions hier que Jupiter n'était pas encore complètement solidifiée.

Nous crûmes entendre se dérouler, comme une palissade de chair, le bruit mélancolique et redoutable d'une troupe en marche. Comme au premier soir de la guerre, quand les lampes veillaient dans les maisons vides.

— Les-morts-se-ront-ré-in-car-nés ! Fit une voix

rageuse et sanglotante. Nous verrions des babines recouvrir des dents nues!

.... Mais à quel état de leur vie terrestre? La bouche relevée ou la bouche tombante? Rossés par l'excès des phénomènes, lacés de lumière ou battus des pluies?

— Josaphat! Pourquoi Josaphat? Vieilles habitudes. Tu te crois encore un navigateur qui prête l'oreille au cri de terre! Un explorateur qui tourne une bouche ardente vers l'oasis. Tu te crois encore un vivant de la terre au milieu des fantômes, et tu attends des revenants. Enfant! C'est encore la terre que tu demandes.

— Josaphat? Submergé! Quand nous le verrons sortir de la vapeur? Nous ne sommes pas encore à hauteur. On n'a pas sonné le rassemblement, que je sache?

— Je n'y vois pas. J'y vois trop! Nous avons sauté dans les yeux de l'air sans avoir le temps de fermer le compteur, sans avoir le temps de fermer la porte...

.... Sans avoir le temps de souffler notre bulle jusqu'à la couleur...

.... Sans avoir le temps de fignoler notre bibelot...

.... Sans avoir le temps de rendre parfait l'instant précis, l'instant fini de notre vie.

— Parce que nous n'essayions pas de composer avec l'infini...

— Mais parce que nous n'avions pas le moindre sens de l'infini!

— Nous avons séché la métaphysique.

— Vous préfériez potasser la guerre!

— Au nom du ciel, pas de querelle!

— Pour moi, s'il reste un morceau de terre qui soit viable dans l'espace, s'il y a encore des points de défense, s'il y a encore des îlots qui tournent dans l'écume d'ébène et d'ange, s'il y a des lampes qui brûlent dans les alvéoles intacts, sur les tables, dans les rues, je veux le savoir! Je veux les revoir!

— Lâche donc la terre! Laisse-la rouler comme un sou perdu, on ne sait où, le long des marches de l'orage. Tu ne vas pas plonger? Fini pour elle. Il était temps d'ailleurs. Elle avait bien vieilli. Bonne à faire de l'ombre. Impossible de vivre à une époque comme la nôtre!

— Tout le monde s'y mêlait de tout...

— Mais ici même, nous...

.... Nous pénétrons sans nous confondre!

— La terre monte vers une vie plus harmonieuse de sa matière!

— Je me contentais d'un peu de terre. J'ai aimé quelques-uns des vers de cette terre, et je ne demandais qu'à rester sous ma pierre, dans ma vieille maison, dans ma cuisine, avec le souvenir de mon père qui est mort. Crois-tu que je le retrouverai dans cette pagaïe?

— Attends que nous recevions les ondes!

— Nous avons sauté comme si l'idée de temps ne dépendait plus de celle d'espace!

— Il n'y a plus de temps, il n'y a plus d'espace.

— Fini du travail au petit point. Fini du fil tiré des minutes...

.... Nous entrons dans l'Eternel sans durée.

— Peut-être faut-il du temps aux morts pour se rhabiller. Tu vois d'ici les mortes qui s'attardent à leur toilette? Peut-être que la femme dit à l'infini qui l'embrasse : « Laisse-moi mettre ma robe... »

— En sera-t-il ainsi des nôtres? Quelle balançoire! Les morts télescopent les siècles. Que les nouveau-nés sortent des ténèbres pour y rentrer nouveau-morts et pour en sortir à toute réquisition? Ça n'en finira donc jamais? Les reconnaîtrons-nous? Que ce soit à l'appel de l'ange, d'un tremblement de terre, d'un raz de marée, les morts monteront toujours d'une grimace orthopédique, de leur polyèdre de bois blanc, de la vase, de la colle, de la gomme divine aux vitrines profondes... Quel contrôle, je vous le demande, dans le silence dévorant qui se ravale?

— Au secours! Je veux retourner!

— Ooaah asssez!!

— Comment!

.... Nous quittons l'humain, pâle raseur, pour le cosmique...

.... Nous allons sortir de nos dimensions...

.... Compléter nos sens provisoires...

.... Nous n'étions qu'un moment de l'ordre, et maintenant chacun de nous sera tout l'ordre...

.... Ton grand cœur va tout embarquer, les tiens compris...

.... Tu laisses tes relations partielles pour gagner des lois plus larges...

.... Tu vas voir comment tout ce que nous déroulions s'engendrait...

.... Tu vas comprendre l'ordonnancement et le principe...

.... En te dissociant de ta forme terrestre, tu vas entrer dans la conscience universelle...

.... Ta frénésie de l'unité va se satisfaire...

.... Tu vas rendre ton globule au cœur qui bat pour les mondes !

— Et tu n'es pas

.... Content...???

— Je veux m'en aller !

— Frottez-le ! Cirez-le !

— Rapprochez vos lampes !

— Regarde plutôt ce qui se passe ! Mais où vont les nègres ? Ils prennent un drôle de chemin ! Les voilà qui montent dans la projection rouge d'un phare invisible ? Leur bouche leur mange la figure. Etait-il vrai qu'ils fussent les restes d'une création antérieure, démons enfin réadaptés, mauvais anges ? Un mauvais ange fait homme, ce gros si doux ? Pas possible ! Voilà qu'ils remontent en oblique, avec leur arc et leur trombone, bushmen chasseurs des astres...

— Tais-toi. Tiens-toi tranquille.

Un rond de silence. Comme un endroit où ne vient plus quelqu'un qu'on aimait pour sa douceur...

— Qui est-ce qui sonne encore dans le madrépore ?

Un mauvais malade qui appelle tout le temps? Je n'aime pas les vieillards qui ronflent. Je n'aime pas les fœtus qui discutent. Je n'aime pas les nains de quarante-cinq ans. Je n'aime pas les périsprits qui ergotent. Je n'aime pas les gens qui rêvent tout haut dans le train. Je n'aime pas qu'un fantôme à lunettes m'embête à une pareille hauteur avec ses idées catholiques, atomistiques, dreyfusardes, judéo-mystiques! Qui est-ce qui crie comme ça chez une femme? Voilà les idées qui s'en mêlent, les mots réchauffés qui cloquent comme des tripes, ressuscités par l'immense traction rythmique! Les morceaux en sont bons, malheureusement! Quelle volière! Est-ce que ça va recommencer? Est-ce qu'il va falloir se rhabiller? La somme! Vivement la Somme! Est-il possible de sonner si fort, à une pareille distance de ses références, aussi loin de la termitière et des canaux creusés par l'homme, possible de sonner si fort à la mystique, à la morale? O homme, saleté d'homme qui ne veut pas finir! Un éclat de cervelle, un bout de testicule qui fournit encore! Les derniers serpents de l'esprit qui mordent dans la lésion divine! Je ne savais pas que ça pouvait durer si haut, si longtemps! Quel quadrille de trompe-la-mort!

Aussudre et Pellegrin sont toujours là. Ils ne changent pas à vue d'œil, ils ont trop de mémoire. On entend des plaintes d'enfants, des râles de femmes, des échos d'orchestres perdus dans l'éther, des voix encore caverneuses d'acteurs, des rébellions de prophètes, les derniers chants, vainement tendres, des poètes. Ils n'ont pas fini d'y croire! Ils baissent leurs antennes, dans un sentiment absurde de la distance, vers le lit de mort de la terre; vers les rues, qu'ils voient jonchées de fagots de morts; vers le bureau couvert de papiers qui s'éteignent; vers le théâtre plein d'amygdales tonnantes; vers la femme foudroyée sur sa couche, en plein amour, portant encore son couvercle d'homme qu'ils reconnaissent avec fureur; vers la mer, qui flambe comme un punch; vers la gloire, qu'ils placent toujours un peu plus haut que les chambres de bonnes, même dans l'abîme incommensurable!

Il y avait longtemps que les mirages dans la durée se précipitaient. Nous avions tous vu notre corps terrestre, mort dans toutes les postures, étonné dans sa raideur, crevant sa chambre par échardes, flaqué dans la pierre, à toutes les hauteurs, accroché de toutes les manières, sur les toits et sur les dômes, empalé sur les clochers, faussant la statue de Chappe, éteignant

Victor Hugo, boulant dans la sauce anglaise. Comme une prière violente, les hommes, les cités, les forêts, les mers dédiaient aux astres leur âme égorgée.

Nous traversions d'autres existences, dans une vitesse ivre d'ingratitude. Ceux qui s'étaient le moins oubliés se reniaient, se dénonçaient. Nous aimions d'autres mères, d'autres amis, d'autres frères, avec un remords immense, heureux, guéri, tendu vers l'aurore!...

Nos idées innées, peu à peu, s'affaiblissaient, se mangeaient comme la laine, se tordaient comme de la fumée, bougeaient comme des voiles, s'éloignaient les unes des autres avec des miaulements légers. Nous montions et elles montaient, parallèlement nous semblait-il, nous séparant par bordées lentes, comme une grappe de ballons qu'un marchand échappe et qui pleure au ciel ses bulles lointaines. Le temps pressait. L'intermède obscur qui nous permettait de nous exprimer dans une musique personnelle avant d'entrer dans la musique des sphères devait être court. Il fallait en profiter. Nous nous en rendions compte. Nous commencions à ressentir la douleur sourde de la synthèse. A mesure que nous prenions de la hauteur, nous nous sentions nous élégir, nous écarter, nous démailler, pour entrer dans quelque chose de monstrueusement égal, de tolérant, d'insipide et d'admirable, et comme dans une immense caserne d'indifférence, sans murailles et sans recours. Nous nous sentions cheminer vers une évidence aride. Nous sentions venir à nous, tournoyante comme un vertige, dans l'ennui pneumatique de la certitude, une science parfaite, au cryptogramme enfantin, que les héros avaient foulée, que les savants avaient pincée, que les phares avaient tâtée, que les siècles des siècles avaient enjambée sans la voir entière; une pensée minérale de Mars, une géométrie caséeuse de Sirius, une fausse-couche de Jupiter, une psychologie de Vénus, les coordonnées d'un futur système, une communication psychique entre les humanités planétaires, une éthique intra-corpusculaire. La conscience terrestre individuelle passait par ses sœurs étrangères avant de se résorber dans la conscience universelle. Pellegrin se rappelait l'opium.

Pourtant, nous étions encore démangés, sur des points de plus en plus suspects, par le canevas des habitudes, la manie des familles, l'esprit de classe, l'exercice religieux, le fondant mystique; la tricherie précise d'une grande ville, le réveil en sursaut, le départ sous un temps couvert, les rendez-vous, les parlotes, le tabac, le téléphone, la migraine, les insectes qui térèbrent; tous les soucis, tous les socs qui retournent le sommeil, qui renversent la sagesse! Un reste infime de douleur humaine nous rendait encore les choses désirables. Nous balancions encore entre une révolte et un renoncement posthumes également absurdes. Nous ne donnions pas encore notre langue aux chats célestes. Chacun de nous représentait la terre. Pellegrin, Aussudre et moi, nous montions en terre française, et, naturellement, nous tirions au flanc. La terre en nous continuait à se tromper. Mais enfin, la terre en nous se survivait, la terre respirait encore! Nous étions une parcelle passionnée des éléments, mais une parcelle de terre encore!

Et nous parlions encore, voulant encore avoir raison l'un contre l'autre, voulant être plus avancés l'un que l'autre, plus adaptés l'un que l'autre, mieux intégrés l'un que l'autre. Mais chaque parole nous rapprochait de la terre. Nous faisions un pas en divin, deux pas en humain. Les images produisaient leurs sons, les sons produisaient leurs images. Nous tendions l'antenne aux voies amies, pour chanter avec elles, comme à l'église. Mais nous ne captions que des voix étranges. Et nous chantions comme des enfants malades.

Cependant, le ressac des vieux morts s'entendait. Nous pouvions déjà voir, dans la poussière cosmique, hors de notre temps, hors de notre espace, comme un reflet d'eau qui défile inlassablement sur une vitre, tourner la rafale électrique humaine, ponctuée de héros, cabots jusqu'au bout, faisant un œil plus lumineux. Quelques archipels faisaient bande à part. Lampes en exil des solitaires. Plotin, Charles Henry, Porphyre, Rimbaud, Jamblique, Eugène le Roy, Pascal, Pierre Pilorget, Nietzsche, Siegfried Angoulâtre rôdaient au delà de la cohue. Mais tous les courants s'échangeaient.

— Où suis-je?

— Ah non! Tu ne vas pas flûter comme une femme qui sort d'une crise de nerfs!

— Alors, c'est donc fini, cette vieille histoire humaine, cette maladie pustuleuse que la terre avait depuis quatre jours?

.... Notre corps humain dort dans les fossés... Nous avons jeté nos dépouilles...

.... Son fils voit arriver la morte...

.... Regarde monter la sainte poussière...

— Enfin! Nous échappons à l'attraction. Nous ne supportons plus nos dix-sept mille kilos. Nos fluides n'ont plus besoin de réagir. Nous sommes sortis de nous-mêmes.

— Cette manie de parler encore de vous-mêmes, comme si vous étiez encore vous-mêmes !

— Pardon, pardon ! Vous n'êtes pas volontairement sortis de vous-mêmes. Ne ramenez pas !

— Vous êtes morts d'un sens commun gonflé à bloc, hydropique, incompressible, mûr pour conclure en cataclysme.

— Mais enfin, est-ce la terre seule qui monte, ou tout le système ?

— Comment passerons-nous parmi les mondes en chasse, au milieu de ces vibrations et de ces ondes qui s'entre-croisent ?

— Avec l'hydrogène ? En fantôme aqueux, comme une poire folle ?

— Mais l'équation personnelle ? Où va-t-elle ? Avons-nous chacun notre cellule faite à notre mesure, et qui nous attend dans quelque ruche ?

— Ou cette création, cette matière morale se transforme-t-elle en matière sidérale ?

— Que devient la physique humaine, dans la physique universelle ?

— Que devient la bricole humaine, dans la mécanique céleste ?

— Une éternité, faite de l'infini des êtres vivants, continuera-t-elle dans les mondes qui subsistent ?

— Nous allons entrer dans l'éternité pure, et tout de même, ainsi, l'éternité du fini nous relie par la mort à l'infini...

— L'éternité de l'infini, vérité du fini. La mort, vérité de la vie...

— Du fini à l'unité.

— Holà là stHegel...

— Quoi encore ! Vous mordez encore aux lettres mortes ?

— Maintenant que vous allez être ignorants comme tout le monde, vous ne voulez pas lâcher le morceau ?

.... Ne vous suffit-il pas d'avoir été pour un jour un instant conscient de la vie du monde, un instant l'esprit de la matière ?

— Vous vous êtes suffisamment écouté vivre sur la terre. Oubliez-vous !

.... Laissez dormir votre petite pierre dans l'immense chantier de la mort.

— Mais nous n'étions pas si petits... Nous n'étions pas nés pour être maigres... Je me sens m'agrandir indéfiniment dans l'infini...

.... Je monte en tous sens, comme un animal silencieux qui flaire les objets de tous côtés...

— Moi, je veux voir des mondes faussés, déviés

de leur route par un bolide, tantôt gratinés, tantôt larmoyants et mouchant leur rhume, congestionnés, couverts de ventouses...

— Et savoir s'ils sont habités ? Ça m'étonnerait que tu rates celle-là !

— Moi, je voudrais voir ce qui leur reste de la terre !

— Comment ! Tu es monté à l'air d'entre les asticots de ton cercueil terrestre, tu es sorti de la caverne à ciel ouvert, et tu veux reprendre la cangue? Est-ce donc un acquis si terrible que les cinquante ans d'une vie d'homme? Ne te dépoteras-tu jamais de la matière?

— Il n'y a pas de matière. La matière est un mirage, une farce du temps et de l'espace, un fantôme idéographique produit sur nous par l'affolement des molécules qui sont elles-mêmes la matière de l'atome, etc. Pas de matière. Il n'y a que la force!

— Tu crains donc que Dieu n'ait pas de quoi lire, que tu lui montes de la lecture?

(Rires scolaires.)

.... C'est nous qui sommes la matière. Nous sommes ici plus solidaires, et nous nous touchons de plus près que tout ce qui te paraissait dur et solide sur la terre!

Les molécules ne s'y touchaient pas. Les corps et

les cœurs ne s'y touchaient pas... L'univers visible s'y composait de corps invisibles...

— Il a raison! C'est nous qui sommes la matière. Je le vois bien, maintenant. Je sens que Dieu m'aspire comme avec une paille...

— Monter! N'y avait-il donc pas d'autre chemin vers Lui?

— Il nous attend au fond de son four... Il se rapproche et s'arrondit comme le jour au bout d'un tunnel...

— Quand arriverons-nous à Lui. Dans combien de milliards de siècles?

— Enfant! Laisse-toi donc faire! Puisqu'enfin tu vas tout savoir sans apprendre, désapprends donc tout ce qui ne t'a rien fait savoir! Tu étais agi, croyant agir. Tu t'es toujours cherché sans te trouver, et maintenant que tu vas être trouvé, tu te cramponnes encore à la recherche! N'accroche pas dans ton équilibre, ça va y être! Dors, chrysalide, à toute vitesse...

— A toute vitesse! Et ne te sens-tu pas moins seul parmi les atomes et les trains d'ions et d'électrons que parmi les hommes! Ici, tu es mêlé à tout le monde, pas plus petit que l'éléphant, pas plus gros que le microlépidoptère, pas plus secret que le minéral. Hommes et animaux, que tu as tant aimés, nous sommes tous pareils; tissés ensemble.

— Je les aimais tels qu'ils étaient...

.... Je ne parlerai plus au chat sur la fenêtre...

.... Quand je pense que derrière nous il y a peut-être encore des hommes!

— Chauffe la couche! Toutes ces jolies villes étaient peuplées d'hommes qui te vendaient à faux-poids. Les lits étaient garnis de requins d'eau douce. Les femmes et les animaux te trahissaient.

— La vie n'était pas bonne, mais elle était belle. Ta jeunesse. La rue. Ta chambre tout en haut. Les sons d'un piano sous un coin de toit bleu de neige. Ah! les fonctions marchaient bien à ce moment-là! Souviens-toi des amis, des longues promenades. Souviens-toi des boulevards, souviens-toi des putains. Souviens-toi des fumées des trains éclairées en dessous par la locomotive...

.... Il était un ménage. Sa vie, ses gaîtés. Son enfant. L'odeur de son intimité. La fenêtre ouverte au soleil. Ils ont été dans le vent des rues, flairé la gare et le chantier. Des amis à leur table, heureux à l'heure du café. Leur retour du travail. L'heure de leur toilette avec leur savon aux amandes... Leurs voix dans les chambres, qui s'appellent, leurs pauvres yeux, leurs humbles gestes. Ils longeaient doucement la vie, dans la tristesse et dans la honte et dans la joie, chacun avec ses maladies, la mère affligée, le père déçu, le fils et la fille on ne sait où. Tout ça, mmmort!!!

— Il n'y qu'une chose qui vaille la peine d'être cherchée, d'être gagnée, d'être perdue, d'être oubliée, d'être retrouvée dans cette ordure précieuse. C'est cette larme que je regrette. Je demande à recommencer. Je demande à Dieu...

— Ne fais pas la mouche du coche. Ne fais pas le chouchou de Dieu! Qui donc a parlé de commencement et de fin? Nous avons peut-être inversé l'idée de temps. Dieu, c'est peut-être quelque chose comme un phénomène de ventriloquie dont la réciproque est possible... Il avait lancé le système comme un enfant lance un cerceau de telle façon qu'il lui revienne. Dieu nous ramène dans sa bobine, comme un mètre à ruban, voilà tout!

— Dieu s'était dissocié, pour voir! Il était descendu, comme un dépôt, tout au fond de l'homme. Il vient d'agiter la bouteille. Il refait son agrégat...

.... Le seul corps simple qui se soit décomposé...

.... Décomposé par notre prisme en spectre solaire, il se recompose...

.... Le vieux berger fait rentrer ses ouailles!...

.... Orphée de grande classe, il rappelle ses ondes et nous ramène dans le tremblement de son pouce.

.... Il ramène en majeur sa musique mineure...

— Debussy rentre au bercail... Bach absorbe Stravinsky...

— (Moi, je veux rester subtil et mineur...)

— Tu étais sa conscience. Il a un remords de conscience.

— Je me sens mangé par sa conscience. Je sens que j'ai toujours été sa conscience !

— N'est-ce pas plutôt nous qui, nous dilatant, deviendrons Dieu ?

— Dieu. L'unité que tu demandais tant !

— Regarde tourner la cosmogonie. Regarde grelotter l'espace. Hein ! C'est autre chose que ces magies de l'Orient que tu réclamais sur la vieille terre ?

.... Enfin, nous sommes venus à une bonne époque, et nous étions tout indiqués pour nous trouver à la sortie. Mais quelle rafle ! Je crois que nous y sommes, dans la transformation des éléments, les passages de tons les uns dans les autres, l'abstrait et le concret qui se touillent et se mangent, les métamorphoses !

Joseph Aussudre.

L'homme qui plonge dans l'Eternel ramène sa vie
d'un coup de nasse. Du milieu de ce charbonnage,
son enfance monte comme un campanile. Il se sou-
vient d'un village plein d'hirondelles et de pioches
bleues, de grands vantaux de granges, de chasseurs
solides, de figures savantes de vieilles, de filles dures
et tournantes comme des fuseaux. Des chiens toujours dans vos jambes et des oies battues par les
enfants. La boulangerie qui sent la levure et la suie.
La bouche édentée du four de campagne...

Tout en haut, sur son banc, l'aveugle barbu
couvert de taches bleues trônait contre un mur de
crasse et d'or gribouillé d'insectes étranges.

Notre maison. La cheminée crépie de corbeaux.

C'était la veillée. Les voix basses qui font la chaîne, le pétillement d'insecte bleu de la résine dans sa pince, la lucarne adorable ouverte sur le verger, l'odeur de roussi de la feuille amère, les couronnes du pain chaud, l'arche pleine de farine, et ce plafond de grosses poutres, gibet d'outils, de jambons et d'armes, menaçant l'escalier tortu, mangé de trous, d'où pointaient parfois les museaux fortement barbus de rats obèses, soufflant leurs poils comme l'eau d'un conduit crevé, dans le vent obscur...

A gauche de notre vieille porte, il y avait un petit chemin, clos d'un échalier, qui descendait presque à pic dans un pré bouché de hautes herbes où s'encadrait tristement le blanc d'œil d'un lavoir. Les alentours étaient pleins d'enfants et de jardinets et d'ombelles et de timbales toutes vibrantes de machines volantes, de petites fées tournantes à parapluie vert, d'insectes crépus, de chiquenaudes de sauterelles, de trépieds à ressort sautant jusqu'aux orphelins du ciel et de grenouilles en cuir d'argent !

Les jardins crevaient de feuilles et de fleurs où les scarabées et les mouches s'alignaient dans leurs composteurs. Des plantes poilues recouvraient de grands chaudrons aérolithiques, de grands oursins précipités par les dieux pour avoir voulu singer les astres! Dans les chemins creux, des vieilles solitaires sortaient de leur fumière pour aller contempler les bouddhas brûlants posés par les vaches comme un cachet de cire, et timbrés par les grands-pères!

A gauche encore, la route sortait du village en déversant, avant d'entrer dans la campagne toute chagrinée de campanules, une petite place luisante de traînées d'escargots, de pierres du tonnerre, de lenticules de lézards et de dessins maladroits du désert...

Cette place était appelée le traceau. On apercevait de là les volutes doucement engageantes de la forêt, la lisière, et le chemin qui descend, de plus en plus étroit, de plus en plus herbu, vers les villages d'opaline et de corozo des champignons, gnomes sulfureux, grimoires de la foudre. C'est là que j'ai vu, sous un midi lourd, une espèce de têtard énorme et noir qui me regardait du fond du fossé d'un air suppliant. Si on tournait, à droite du traceau, par un chemin qui revenait au village, on retrouvait toute la denrée! Pépiements nourris, richesses coloriées toujours ramenées au fond de la cuvette! O ceinture immense de la musique et de la brume fumeterre, doucement refoulée par la mer du soleil!

Rentrée. Toutes les fenêtres du lycée sont allumées

dans le halo roux de l'automne. La forme trapue, rassurante, des lampes dans la brume des vitres. Et toutes ces maisons habitées! La rue du Colisée avec les jeux du Cirque et les tas de sable et ces Maurice Cottin et ces Anatole, et les écritoires bourdonnantes de mouches de l'institution Payan! La rue de Dunkerque avec ses mouches tuées sur le mur à coups de casquette, ses fumées de gare à gauche, ses papeteries mère Cavalaire et son collège à droite, la mère Château qui vend des timbres-poste, ces gaillards dégourdis, ces juifs, ces combats de boules de neige avec l'Ecole commerciale, les crimes de Hutz au square d'Anvers, le naturaliste Washner aux vieilles vitres bigles hantées de huppes... La nuit, l'éventail de Montmartre au Nord... Passy, la rue Gustave-Courbet, les cris de la rue, les matins tout mouillés de hareng qui glace, le côté de l'ombre si triste et le voisinage du piano Montardon, directeur de l'Ecole française. Ah les réveils le matin dans le bleu voltigeur, les angelots sortant des cheminées pot-aux-roses, les liserons étirés à bloc sur leurs baleines et les premières billevesées d'insectes ronflant chaudement sur les fleurs du balcon! Sitôt, la marée des pianos dans les maisons, cette écume... Avant d'habiter le quartier, la première fois que j'ai vu cette porte immense rue de Longchamp, cette espèce de porte de grange avec des vues sur le fond des cours, des cours pleines de boutiques intérieures ouvertes, d'entrepôts, d'objets insolites, je présageais tout un avenir de mystères, de secrets dépistés, de coins bizarres, de couloirs aux détours infinis... Non. Les couloirs n'allaient pas loin. Plutôt les périodes ternes où l'appartement s'assombrissait, les chambres s'étiraient d'ennui, de changements complotés. Le 80 boulevard Magenta, forteresse devenue maison de jeu, le concierge gueule Daumier avec ses deux brunes piquantes, la voisine aux chats qui jouait du Chopin, les toits croisés dans les arrière-cours, des bans de bravos dans le dos des cafés! L'odeur de la Villette arrivait par échelons. De grands bâillements frais et des grelots de voitures. La chaleur rousse autour des gares avec leur souffle de gros temps. Rue de Saint-Quentin. La maison où il y avait une brasserie de femmes avec un réflecteur tournant. Le balcon de la gare du Nord qui dépassait. La grille de la porte cochère était blanche de poussière, la fille de la concierge jetait son peigne contre les murs et les glaces, les ouvrières pouffaient à l'entresol, le poète-chansonnier déchu chantait dans la cour! Ah mon père Hulin! Ta cordonnerie,

ton malt de bière et ton carrelage! Vision rapide
du 118, la maison triste entre l'horloge et le marchand de vins, un appartement sérieux de garçon,
sans un rayon, sans une fleur. On voit quelquefois
des fantômes, son fantôme, à lui, le mien, marcher
sur la crête de la rue Chantilly. — Des soldats.
L'Exposition morte, l'installation au 156, le radiateur dans le bureau, le va-et-vient des céramistes,
les fours qui crachaient leurs dents d'escarbilles, des
jours entiers de canettes de bière et de promenades
torrides avec de rares camarades, et ces années si
bonnes, et ces années si tristes...

Hachure!

Est-ce que tu n'en as pas assez d'être une hachure entre les hachures?

Homme!

Tu n'en as donc pas ton soûl d'être un homme parmi les hommes?

Grouillis des poux de mer sur la plage des rues.

Bâtonnets sautant à cloche-pied, vers de pierre, jeux de jonchet en délire, aïe donc, les dragons chargent sur la chair en filoselle, les chapeaux, les gants, les cannes, les sacs endormis dans le blanc d'œil, goîtres assommés, crapauds en deuil, accordéons éculés face au ciel!

Monte un peu. Suis-moi. Colle donc, nom de

Dieu! Là, te voilà bien avancé, maintenant. Crois-tu que c'est beau à voir de là-haut? Crois-tu que c'est grand'chose?

Ah! vous n'alliez pas loin les hommes.

Vois-tu de là-haut comment ça rampe?

Comprends-tu, maintenant, comment ça foisonne?

Alors, pourquoi tant d'histoires?

Penche-toi un peu sur la droite.

Bien, c'est le rapide. Il sort du tunnel de Gonesse. Quoi? Qu'est-ce qu'il y a? Tu trouves qu'il va lentement? Cent pauvres petits kilomètres à l'heure. Et cette machine type mikado, vois-moi cet amour de cuisinière, quelle sauterelle, quelle traînée!

Là, oui, presque sous tes pieds, c'est bien lui. Le sport. Un terrain de course. Caviar pressé dans les palissades, là, sous le nuage, laitances de fressures. Et cette petite écume de cris! C'est le champion du monde qui débuche, avec ses quatre manches de couteau pauvrement secoués sur de l'épinard! Monsieur trouve encore qu'il ne va pas vite? Hein, les trains, les champions, les héros, les hommes qui se dépassent, pas cher?

Attention! La petite mite qui tourne un peu en dedans de nous, c'est un avion. Prends garde, il va te gratter l'oreille. Souffle dessus, qu'il se brûle à notre lampe surnaturelle!

Il y avait des gens sur la boule qui étaient fiers de faire des voyages. Je crois que tu vas en faire un pommé!

Stop! Une ville en état de siège. Toute cette plate-bande, à vol d'oiseau, de chéchias qui se bousculent à la porte d'une boucherie, fortement crossés par la coloniale! Non mais, regarde!

Regarde défiler les rats bleus de l'armée!

Cinq boas d'usine cheminent!

Attrape cet obus qui sort des goulatrombas de la fumée!

Les voyageurs ne vont pas loin, dans leur petite navette asthmatique. Vois donc. Les voilà déjà qui reviennent!

Quelques pointes de clochers pansés de nuages, quelques travées, quelques lumières dans le plein jour...

C'est là, c'est bien là, dans cette petite rue qui blanchit, que ton imbécile de frère s'est tué par amour.

Crois-moi, va, ne regrette rien. Ce n'était rien, tout ça! Leurs yeux, pauvres hublots, où le mal colle son nez, tous ces charmes, toutes ces voix, travaillées, calligraphiées, ces écritures tremblantes, toutes ces tendresses de latrines. Rien. Crois-moi. Ne regrette rien.

Là. Maintenant tu ne vois plus qu'une taie malsaine. Terre plate. Comme tout est plat.

Coup de pied de l'âme.

Plongeon dans l'infini.

Sois tranquille.

Hachure.

— Renégat!

— Renégat?

— Oui, vraiment! Faiseur de manières mal dégrossi! Toi aussi, tu aimais la vie que tu recraches!

— Oui bien, je l'aimais! Moi aussi j'ai été sur terre, et j'y ai été crucifié! Quand j'étais enfant, je croyais à l'unique, au concret individuel, à l'absolu de chaque personnage, à la nécessité d'un geste, à la rigueur d'un œil, à l'écrit du moindre événement, à la loi du bleu dans le ciel, de l'avenir et du bonheur. Maintenant que j'ai tant pâti mon bonhomme, tant bu le coquemar de plomb fondu qu'on vous entonne de force; que la vie m'a tant giflé que la tête m'en tournait comme la vis d'un tabouret de piano; que les gargouilles les plus grotesques me dégoulinaient sur la figure; que j'étais comme ce rat hagard que les gens s'amusaient à martyriser, à scalper, à brûler, à noyer, un jour, au marché de Passy, vers midi; que le malheur me faisait basculer comme un mannequin hors d'usage; que les démons me jouaient à la belle, les pieds en l'air, la tête et le cœur dans la mouterde, sous le rire du Walpurgis; que je coulais à pic et me barbouillais sans exemption dans des mælströms de coaltar; que je faisais des naufrages comiques dans des forteresses de boîtes à ordures; que de temps à autre, le silence se faisant subitement, sur un geste austère de la lumière, je voyais quelqu'un des miens se renverser, en me maudissant, juste au moment que nous allions nous comprendre, et retomber pour toujours sur son vieux lit de famille; que je courais vomir de désespoir dans les cabinets, sans avoir le temps d'y arriver, et que j'éclaboussais les murs, je sais ce que vaut la hauteur!! J'ai toujours cherché la hauteur! Mais je n'arrivais pas encore! Et je m'échappais en zigzag, changeant de trottoir, chassé par les sirènes dans les rues de l'été bourdonnantes comme un tambour, dans l'encrier des rues nocturnes, et je courais comme un crocodile, et je n'étais pas pris encore! Mais un jour que j'étais traqué, dans l'encoignure poisseuse où toute

dignité est par terre, comme une toile à laver, où
il n'y a pas d'issue, où il n'y a plus une allumette
à craquer, où l'homme demande grâce avec sa voix
de chèvre instruite, j'ai trouvé le coup de hauteur!
Et maintenant que tu es mort, crois-tu que la montée
vaut mieux? Le coup de pied d'une certaine façon,
pour atteindre le point où l'on se retrouve pur, et
qui me faisait grelotter d'espoir, hein, tu y viens, tu
y viens trop tard, tu commences à comprendre ce
que je voulais dire, un peu de travers, pour déjouer
encore l'Eternel. Ah! si nous n'avions pas sauté, je
t'affranchissais, je te choisissais pour trouver du pied
dans la terre, malgré le crépi de l'homme, le tardi-
grade plein de bondissements, la gutta vivante, la
mygale endormie, le faux minéral, le cerveau sour-
nois qu'il faut taper pour monter purement dans
l'air spirituel! Mon frère, ma lampe nouvelle, et qui
voulais rester carcel, si dans le monde où nous allons
la vie s'avance encore sur toi, comme un tonneau
lâché qui roule aveuglément vers un petit chat qui
dort dans une cave; comme le pied carré de l'homme
au-dessus d'une fourmilière; insulté, bafoué, trahi,
molesté dans la douceur, applaudi pour une mala-
dresse qu'on a supposée cruelle, volé de ton public au
profit d'un rival indigne, bouffi d'insomnie, compissé

par un adjudant d'infanterie, renié par ton plus vieil
ami ; méconnu du regard adoré, clignotant, d'une
femme ; épris jusqu'à la mort d'un beau corps qui
t'interdit ses approches, allons, monte!!!

Tu monteras, sans larmes, ou le diable dira pourquoi!

A toute vitesse par assises chaudes
Qui se cristallisent dans la hauteur
Nous coupons la fête! Ce n'est pas Montmartre!
Ce n'est pas en bas
Quand le canon tonne!
Ce n'est pas la guerre
Aux parcs mugissants!
Nous sommes les hommes sans murailles!
Nous montons en chœur dans la musique!

Chacun à sa baraque
Les dieux font la parade
Petits dieux qui racolent
Le feu qui dans l'espace
Mêle les vérités!

Par ici la mystique
Ici la vraie la seule
Le sanhédrin spirite
Le polypier des schismes
La scissiparité
Du concile de Trente
Le pet des manitous
Le pas des cannibales
Les massacres d'idoles
Le sang de Coligny !
Par ici les beaux arts
Le basalte de Bach
Le bûcher de Wagner
Rembrandt et Michel-Ange
La foudre faite chair !
Par ici les penseurs
Les bouteilles des doctrines
Les aludels des systèmes
Les flacons des hypothèses
Les spirochètes d'idées
Qui vont à toute vitesse
Sur l'ardente glace, assez !

Ne nous quittons pas! Disaient Aussudre et Pellegrin. Ne me quittez pas! Disais-je.

Oh, pour monter, ça monte!

Les jetées, les môles cosmiques s'étirent en tous sens, comme un grand bâillement heureux dans la lumière. Partout l'immense bruit frais de la mer. Une sonnerie douce, aiguë, comme un élancement d'insecte. Un treuil qui se dévide nettement dans un ciel de perle...

C'est le grand accueil indolent, les yeux mi-clos, du port éternel, semblable à la femme qu'on va prendre et qui fait semblant de dormir. Les millénaires sont encore couchés. Tout ce qui s'est passé dans les jours et les nuits, les longues et les brèves, est encore enfoui dans son bain nocturne.

— Entends frémir les mondes en puissance.
— Nous affrontons le prisme vierge.

...Mes amis, mes chers amis,
     Rentrez tous dans vos logis...

— Pourquoi, pauvre ami, te souviens-tu des
Noces de Jeannette?...

— A pic! A pic! On va nous déshabibille!
— Ne nous quittons pas! Ne nous quittons pas!
— Lui! Lui Les Forces! Le Voilà!!

Je suis souvent descendu parmi vous. J'ai baigné
vos pointes et mes montagnes, comme un nuage.
Vous ne m'avez jamais deviné dans les grandes
ombres qui passaient. Je trempais la race toute petite,
dont la rumeur se rapprochait! J'atterrissais sur
toutes ces têtes-grandeur-naturelle, qui me regar-
daient sans me voir avec un sourire de raffinement
qui m'a parfois désorienté. Je ne me reconnaissais
plus. Je suis sorti de vous. Je suis rentré en vous.
Mais vous couriez. Et vous tapiez! Et ces squelettes
gantés de chair qui faisaient vibrer leurs instruments
à cordes, à touches et à mort! Tous ces engins,
tous ces cerveaux, tous ces tragins, toutes ces pis-
toles! Tout ce mat et ce larmoyant! J'étais vos

mains, votre métier, vos yeux sanglants, votre endo-
scope, votre niche rouge! Ah j'ai tout vu! J'ai
senti l'odeur de vos souliers, de vos maladies, de
vos primeurs, de votre guerre, de votre amour.

Il vous me fallait, plus près de moi. J'ai levé
l'ancre.

Qui aime bien châtie bien.

C'était assez. Votre intelligence. Contraire à mon
rythme. Massacre de mon harmonie, rupture de mon
identité qui est aveugle, sourde, une et indivisible.

C'est par elle que l'homme se limitait à l'homme.

Incapable d'un clin d'œil sûr, et de se plaquer
sur mon objet sans bavardage de l'esprit, vos penseurs faisaient des prix de revient qu'ils rataient toujours.

Vos idées, vos mots n'avaient ni noyau ni sauce,
ni qualité ni substance. De petits échos, déchets
sonores de la force. Des rapports épileptiques, une
mathématique inconsciente. Pas autre chose.

Ils divisaient mon principe actif. Ils bassinaient
mon unité métaphysique.

Au lieu de chercher de quoi et pour quoi les
choses étaient faites, il fallait aimer les choses pour
elles-mêmes.

Vous n'arriviez pas à l'état animal de l'intelligence.

Vous ne saviez pas communier.

Vos sentiments? Vous aviez mal au ventre.

Assez!

De l'expérience à l'hypothèse, de l'idée à la pensée, de la pensée à la parole, de la parole à la mystique, de la mystique au cri de désir,

petits garçons, parlez encore un peu sous moi, dans l'infini rouleur aux bruits d'éclats de verre étrangement sonores...

Et puis, ne nommez plus ce qui ne se nomme pas.

Rien... Tout! Rien. Tranquilles. Rentrez dans l'ignorance lumineuse.

DERNIER EFFORT

— Mensonge!
— Ennuyeux.
— Trahison!
— Méchant!
— Sauve qui peut!
— Que dit-il?

— Alors, c'est pour cela que vous nous avez fait souffrir?

— Alors, c'est pour cela que nous avons eu tant de peine?

— Pour cela que nous avons marché dans le sang, dans la pâture et dans les larmes?

— Pour cela que vous m'avez pris, dans la même année, mon père, Charles-Louis Philippe et ma maîtresse?

— Quand le moribond sur son grabat cherche encore au plafond la vérité terrestre, pendant que son cœur se déroule de lui comme une balle de laine, c'est tout ce qu'il y peut trouver?

— Quand vous lanciez cette bouée de la terre, vous décidiez, vous acceptiez tout ce qu'accrocherait la chaîne des hommes?

— Vous aviez besoin de tout notre courage?

— Et maintenant, vous maniez le silence?

— Voilà donc la sphère, la forme parfaite?

— Vous êtes donc une femme, une ogresse, une vieille vierge?

— S'apercevoir de la virginité de sa mère!

— Pfff!

— A moi, mes amis! On déserte Dieu!

— A privatif! Adieu!

— Vite! Il y a encore un passage!

— Pii-ouitt!

— Eh bien, eh bien, maître fou?

— Ferme ta chasse!

— Assez de licences poétiques!

— Assez d'injures qui sont de l'amour!

— La paix!

— Ne nous quittons pas!

— Ne nous quittons pas!

Ne nous quittons pas! Criait-il. Il se débattait
sur la banquette. Il avait les yeux pleins de larmes.
J'avais envie de le réveiller. Je ne pouvais pas.

Je sentais rentrer en moi mon double.

Un coup de sifflet troua d'un immense pas de vis
la campagne obscure.
Un éventail bleu tourna sur la vitre du fond
des terres.
Une gare ouvrit ses écluses.

Vulturne!

Quelques enclumes répondirent. La locomotive rêva pour le compte.

L'homme se dressa d'un seul coup, tout rouge. Il souffla, respira comme on boit d'un trait, tourna vers moi ses chandelles trempées, se rassembla, regarda par la portière avec inquiétude, se précipita sur ses bagages, sauta sur le quai nocturne où il se reçut pesamment, fit : Voilà donc... d'une voix sourde, fit d'une main lasse un geste vague, et je ne pus le quitter des yeux qu'il ne se fût engagé, la tête basse, les épaules lourdes, comme une cariatide qui eût regagné sa corniche, dans l'avenue sans lumière où gémissaient les maisons des hommes.

TABLE

TABLE

I

VOUS FAITES UN SONGE

Dans l'express. 11

Cinq minutes 15

Quand tu vacilles au sommet du désespoir . . . 17

La musique des sphères... 20

Récit des deux réintégrés. 28

II

DE STADE EN STADE

Josaphat, et revoir les miens! 39

Pierre Pellegrin, Joseph Aussudre et moi. . . . 41

Voix dans la lentille 52

Joseph Aussudre 60

Débat dans l'azur 66

Chanson du plus léger que la mort. 73

Dans l'estuaire 75

Voix du haut parleur 77

Dernier effort 80

Réveil. 83

Il a été tiré de la présente édition 577 exemplaires, à savoir :

Huit exemplaires sur Chine, dont trois exemplaires hors commerce marqués de A à C et cinq exemplaires numérotés de 1 à 5.

Douze exemplaires sur Vieux Japon teinté, dont quatre exemplaires hors commerce marqués de D à G et huit exemplaires numérotés de 6 à 13.

Dix-sept exemplaires sur Japon Impérial, dont cinq exemplaires hors commerce marqués de H à L et douze exemplaires numérotés de 14 à 25.

Quarante et un exemplaires sur Hollande Van Gelder, dont six exemplaires hors commerce marqués de M à R et trente-cinq exemplaires numérotés de 26 à 60.

Quatre cent quatre-vingt-dix-neuf exemplaires sur Vélin pur fil des papeteries Lafuma-Navarre, dont huit exemplaires hors commerce marqués de R à Z ; seize exemplaires hors commerce marqués de a à p ; quatre cent quarante exemplaires numérotés de 61 à 500 et trente-cinq exemplaires réservés à l'auteur numérotés de 501 à 535.

Il a été tiré en outre trente exemplaires hors commerce sur Vergé blanc de Vidalon, sous couverture spéciale, destinés à trente souscripteurs particuliers à tous les ouvrages de Léon-Paul Fargue qui paraîtront désormais, imprimés à leur nom et contenant un autographe de l'auteur.

EXEMPLAIRE N° VI

appartenant à Monsieur

Azaria.

Léon-Paul Fargue.

Achevé d'imprimer le Vingt-Huit Juin Mil Neuf Cent Vingt-Huit, par Aulard, Iung et Cie, 6, r. du Vieux-Colombier, Paris

VULTURNE

Exemplaire sur Vidalon

9 782329 752266